시간의 강 위에 피어난 불꽃

문장시인선 030 | 신경용 시집

시간의 강 위에 피어난 불꽃

인쇄 | 2025년 2월 5일
발행 | 2025년 2월 10일

글쓴이 | 신경용
펴낸이 | 장호병
펴낸곳 | 북랜드
　　　　04556 서울 중구 퇴계로41가길 11-6, JHS빌딩 501호
　　　　41965 대구 중구 명륜로12길 64(남산동)
　　　　대표전화 (02)732-4574, (053)252-9114
　　　　팩시밀리 (02)734-4574, (053)252-9334
　　　　등록일 | 1999년 11월 11일
　　　　등록번호 | 제13-615호
　　　　홈페이지 | www.bookland.co.kr
　　　　이-메일 | bookland@hanmail.net

책임편집 | 김인옥
기　　획 | 전은경
교　　열 | 서정랑

ⓒ 신경용, 2025, Printed in Korea
저자와의 협의하에 인지를 생략합니다.

ISBN 979-11-7155-104-0 03810
ISBN 979-11-7155-105-7 05810 (e-book)

값 10,000원

문장시인선 30
시간의 강 위에 피어난 불꽃

신경용 시집

북랜드

시인의 말

붉게 타오르는 노을 아래,
굵고 오래된 나무는 자신의 그림자를 바라봅니다.
휘어진 가지 끝에 걸린 무수한 기억들이
잔잔히 일렁이는 물결 속에서 속삭입니다.
그 속삭임은 지나온 시간의 흔적이자,
이루지 못한 꿈의 잔향입니다.

시간의 강은 멈추지 않고 흐르지만,
그 위에서 사랑과 믿음의 불씨는 다시 피어납니다.
잃어버린 듯했던 감정들이
깊은 숨결을 되찾고,
마음속에 잠들어 있던 용기를 일깨웁니다.

아직 건너지 못한 다리 위에서
우리는 강 건너편의 이야기를 바라봅니다.
그곳에는 우리가 기다리던 대답들이,

혹은 아직 만나지 못한 물음들이
고요히 손짓하며 우리를 부르고 있습니다.
흐르는 시간 속에서도 사라지지 않는 것들이 있습니다.

흔들리지 않는 믿음,
다시 피어나는 사랑,
그리고 끝내 우리를 움직이게 하는 작은 불꽃들.
이 시집은 그 불꽃들의 기록입니다.

시간을 넘어 피어난 빛과,
그 빛 속에서 다시 깨어나는 삶의 조각들을 담았습니다.
이제, 우리네 마음속에도
작은 불꽃 하나가 피어나길 바라며
이 여정을 함께 시작해봅니다.

금화동산에서

2025년 새해 ● ● ●

차례

• 시인의 말 … 4

1 늘푸른실버타운

시간의 강 위에 피어난 불꽃 … 12
늘푸른실버타운 … 14
어머니의 웃음 … 15
이순耳順 … 16
인생 … 17
가을 억새 … 18
잡초 … 19
희망 … 20
침몰하지 않는 배 … 21
고향 … 22
곡우 무렵 … 23
그리운 어머니 … 24
금화동산을 가슴에 품고 … 25

2 어릴 적 나는

금화의 노래 … 28
삶이 부끄럽지 않기를 기도 올린다 … 29
기도 … 30
노을 … 32
꽃피는 마음 … 33
꿈은 내 마음의 태양 … 34
나눔 행복 … 35
내일의 꿈 … 36
노동의 무게 … 38
어릴 적 나는 … 40
대견봉 노을 … 41
동백 … 42

3 비슬산 참꽃

마음 문鬥 … 44
명절 … 45
무지개 … 46
바람의 길에서 … 47
밤비 … 48
변덕골 사람들 … 49
봄 기행 … 50
매화처럼 … 51
비슬산 참꽃 … 52
비슬산 … 53
노송 … 54
달맞이꽃 … 55

4 가을 당신

사모곡 ... 58
가을 당신 ... 59
상사화 ... 60
소 ... 62
소꿉장난 ... 63
느티나무 ... 64
시를 읽는 일은 ... 65
신발 ... 66
오, 오! ... 67
열정의 부록 ... 68
길 ... 70
의자 ... 71

5 지혜의 문

돈 돈 돈 … 74
참꽃 법문 … 75
지혜의 문 … 76
참꽃 필 때 만날래 … 78
편지 … 79
학춤 … 80
고방산高防山 … 81
고약한 바이러스 놈 … 82
희망 공장 … 83
이 짧은 인생 … 84
사문진나루터 … 86
송해공원 … 87

|해설| 서성거리는 자의 노래
김동원 … 88

1
늘푸른실버타운

시간의 강 위에 피어난 불꽃

저물녘 노을이 지면
굵은 기둥나무는 자신의 그림자를 보며
휘어진 가지 끝에 매달린
무수한 기억들이
물결 속에서 속삭인다

시간의 강은 쉼 없이 흐르고
그 위로 불꽃들이
타닥타닥 튀어 오르고
잃어버린 사랑이 불씨가 되어
내 숨결에 들어온다

그나마 용기가 남아 있으니
아직 한 번도 건너지 못한 다리를 바라보며
저 강 건너편에서 주인을 찾는
이야기들이
누군가에게 말을 건네 본다

나를 향해 답이 오면
조용히 웃으며 그렇다고
흔들리지 않는 믿음으로
시간을 건너
불꽃으로 피어난다고

늘푸른실버타운

백두대간 힘찬 기운 내려 뻗친
비슬산 기슭 아래 멈춘
신령스런 고방산 자락 공기 맑고 경치 좋은
늘푸른실버타운 아늑한 인생 낙원
외로운 자 마음을 달래고
즐거운 자 노래를 부르며
모진 삶의 흔적 따라가다
한 세월 뒤돌아보며 삶을 반추하는 곳
사랑하기 좋은 이 세상
따뜻한 눈빛 즐거운 웃음 서로 나누는
평화 깃든 낙원의 숲 늘푸른실버타운

어머니의 웃음

어머니! 물빛도 순한 오월입니다
그리움이 기다림 되는 푸른 하늘입니다
천국 위에도 꽃은 피었겠지요
눈물 밥 지어 한 상床 올립니다
어머니! 당신만 떠올리면 먹먹합니다
잘해 드릴걸, 잘 모실걸
적신 가슴에 노을을 깔아줍니다
어머니의 웃음 등대 불빛처럼 밝습니다
때로는 힘차게 환하게, 나를 끌어줍니다
어머니! 저 높은 곳에서
늘 바른길로 가게 하소서!

이순耳順

절벽 위에서 핀 진달래 저 붉은 꽃처럼
아슬아슬 건너온 내 푸른 청춘
밤낮 산안개 속에서 허우적거렸다
아기 구름 엄마 손잡고 하늘 지날 때
얼마나 나는 부러웠던지…,
뛰어내리고 싶었던 그 참혹한 겨울 빙벽 위에서
희끗희끗 세월 따라 검은 머리 서릿발 내렸네
달빛 서러운 이순耳順의 잠은 어디 가고
말라버린 눈시울만 붉어지네

인생

정처없이 어디로 가느냐, 너 흰 구름아!
불빛도 지팡이도 없이
열정의 삶 위해 희망의 불씨 살려
설움과 외로움을 견딘다
무엇을 보았느냐, 잃어버린 세월 속에
때로는 즐거움도 있었으랴만…
고방산 부엉이도 외로워 울던 밤
아득히 가버린 것은 오지 않는다
날 잡지 마라, 떠돌이별아
밤하늘 찬 서릿발 차기도 하다

가을 억새

들녘 바람에 흔들리네, 가을 억새

실개천 건너온 가랑비
구절초 꽃대 쓰다듬으며
쉴 곳을 찾네

저 비도 강물 따라 흘러가겠지

쓰러질 것 같은 지친 걸음
쉼 없이 바다로 흘러가겠지

앞산 허리에 두른 흰 구름 너머로
내 슬픈 마음 외로이 적시네

아, 이 가을 저 단풍 떨어지면
나는 또 어디로 가나

산 너머 휘파람 불며 어디로 가니

잡초

무심코 밟혀도 이내 일어나고야 마는
떠도는 내게 바람은 늘상 구부리라 하네
안갯속에 헤맨 청춘의 뒤안길에서도
너는 수북이 자라 세상을 가려 주었네
명치를 찌른 아픈 뾰족한 말들
언제나 내 인생의 참고서였네
배고파 홀쩍이던 그 한밤중의 거리에서도
너는 폭풍과 우박을 견디라 하였네
숨은 강인함과 인내심을 건너야만
들판에 꽃이 핀다는 걸 알려준 잡초

희망

저 바다를 넘어야 하리
두근거리는 인생 2막의 꿈을 건너려면
태풍과 해일을 지나 푸른 수평선에 닿아야 하리
밀려오는 파도에 두려워하지 말아야 하리
그 위대한 일출의 바다
외롭지만 다시 힘을 내 일어서야 하리
우리의 아버지는 자식을 위해 천둥 앞에 서서
시대의 가난을 꿋꿋이 견뎌냈느니,
목적 없는 희망은 지속할 수 없는 법
마음이 시들면 몸도 시드는 법
내일을 향해 걸어가는 사람은 아름다우리
오늘을 믿는 희망의 사람은 더 아름다우리

침몰하지 않는 배

나는 침몰하지 않는 배
실패의 능선을 넘어 검은 구름을 지나
폭우가 쏟아져도 뚫고 나가리
군데군데 피 맺힌 상처들 만나도
꺼꾸러지지 않으리
슬픔과 고통을 모두 안고 생을 건너리
아아, 붉은 핏빛의 노을을 타고 넘는 것을
하늘 저편은 알고 있으리
나는 침몰하지 않는 배
그 어떤 해일이 닥쳐도 정면을 응시하리

고향

해 저문 들녘 드문드문 밥 연기 피어오르고
산그늘 내려오면 문득 어릴 적 고향이 생각나지
노을 논둑 따라 눈물의 모퉁이를 돌아
도시로 내달린 내 청춘의 슬픈 버스 역
꼭 성공하리라 오열로 다짐했던 그 추운 새벽
한 올의 실처럼 교차하던 타향의 낮과 밤
기계 소리 요란하던 섬유공장 야간작업
배고파 움켜쥔 허리 결코 잊지 못하지
이따금 공장 빈 마당에 달빛이 내려오면
내 꿈이 박동하던 그 아름다운 고향 하늘

그 언덕에 핀 구절초처럼 곱게 피리라 노래했지

곡우 무렵

앰뷸런스 소리 심상치 않다
플라타너스 가로수 물오르고
우주의 창문에서 뛰어내린
코로나19 바이러스
세상을 향한 소리 없는 전사다
자연의 순리를 배반한 지구별
저 붉은 강물의 대재앙
모두 무사히 생을 건너가길 빈다

그리운 어머니

겨울이었지요, 어머니 당신의 손을 잡고
그 험난한 길을 걷던 날이
그리운 어머니, 눈물이 앞을 가립니다
그리움이 아득한 둥근 달빛 아래
슬픔과 아픔을 빚어
은빛 달빛에 가득 비추어주었습니다
어머니, 어릴 적 눈물의 보퉁이를 메고
어디로 가야 할지 몰라 서성일 때
당신의 따뜻한 손의 온기만 믿었습니다
천국에 계신 나의 어머니
파란波瀾 등대 길 너머 파도치는 오늘
문득, 밀물처럼 깨닫습니다.
수평선 그 아득한 가지에 매달려
당신의 품인 양 흰 구름을 만져봅니다

금화동산을 가슴에 품고

일찍이 나는
아름다운 세상을 꿈꾸었네

굽이치는 파란波瀾 계곡에서
사람과 사람 사이
따뜻한 강이 흐르기를 기원했네

생사의 절벽에 우뚝 서서
고독한 울음 삼키며
푸르른 창공 비상하는 꿈을 꾸었네

무지개다리 건너
초록 불 돋아난 잔디 위
금잔화金盞化 수놓는 꿈을 꾸었지

이제 낮고 어두운 곳 향해 비추는
밝고 환하게 피어오르는
이 아름다운 희망의 등불 되었네

2
어릴 적 나는

금화의 노래

태양은 젊음의 희망
험난한 길을 비추는
마음속 사랑의 노래

삶은 얼마나 기쁜가
마주친 일들을 기억하며
그리움의 심장이 된다

저 푸른 하늘 위로
구름이 전하는 꿈

보라! 자유가 흐른다
바람의 소리 좋은

슬픔과 아픔을 빚어
사랑의 선율 되어
행복의 노래 불러 준다

삶이 부끄럽지 않기를 기도 올린다

날개 달린 말들이
바람을 타고 날고
천둥, 번개, 비바람 몰고 와도
금화동산 금잔화 향기에 벌, 나비는 날아든다.

지붕 모서리 매달린 풍경 속 물고기
바람 앞에 온몸을 맡기면
하늘길 헤엄을 치고
세상 바람 앞에
나는, 삶이
부끄럽지 않기를 오늘도 기도 올린다

기도

아, 바람 속에
기도하노니

하나님의 품 속에
영혼의 노래 부르네

사랑하는 어머니
등짐 부려놓고

훨훨 날개를 달아
천국으로 들어간 날

고통으로 몸부림치던
땅 아래 길 잃은 자들

그 슬픈 주의 품 안에
따뜻이 감싸주소서!

은빛 달은, 지금 호수에 비쳐
은혜 말씀 물결치는데

하나님 여호와께
시를 지어 정성껏 읊으리

노을

어디로 가야 하나 저 그리움 너머
숨이 막힐 듯한 외로운 마음
목이 메여도 멈출 수 없는
이 붉은 떨림 어떻게 하나
긴 밤을 지새워도 변함없이
내 마음은 너 하나뿐
가로막힌 강을 건너도
지친 발걸음 멈출 수 없어
서녘 핏빛 구름 보고 불러보는 노래
이 길 끝에서 만날 수 있다면
너 하나뿐인 그 사람으로 남아
너를 안고 울고 웃을래

꽃피는 마음

가슴 가득한 소망을 심으리
저녁의 이슬로 향기롭게 피어나리
마음은 봄바람처럼 자유롭고
꽃잎은 저마다 즐겁게 춤추네
시들지 않는 사랑의 씨앗을 뿌리리
순간순간 세월은 흘러가고
구름처럼 변함없이 마음은 순수하리
아름답게 정원의 푸른 삶을 꿈꾸리
무한한 희망의 세계를 향하여
새처럼 자유롭게 희망의 날개 펴리

꿈은 내 마음의 태양

겨울 차가운 밤거리를 혼자 걸었네
가로수 길 사이로 줄지어 선 플라타너스
나뭇잎은 다 떨어져 빈 가지만 남았지만
바람에 흔들흔들 내게 말을 걸어오는 것 같았네
외롭지 말고 힘을 내라고 했네
그대에겐 태양처럼 밝은 꿈이 있다고 했네
따뜻한 나무, 그 위로의 말은 행복했네
그 옛날 내 꿈은 순수한 열정이었네
길을 걷다 우연히 삶의 동무가 된 그 나무들
지금도 어둠 속 아랫목 이불 같은 플라타너스

나눔 행복

홍조 띤 아가씨 같은 붉은 사과
탐스런 가지 위 홍시 서너 개
가을은 가을은 나눔 행복
광주리에 가득 담긴
과일 들고 가는 아낙 발걸음
머지않아 낙엽이 떨어지리니,
목마른 더위 속 타오르는 태양
세상 밖은 저마다 바쁜 발걸음
뒷산 숲속엔 뻐꾸기 울음소리
흰 구름 바구니 수북한 푸른 하늘

내일의 꿈

내일은 빛으로
가는 희망의 길

담고 싶은 태양이 있어
손이 타버리는 줄 몰랐다

그 뜨거운 열정을,

부르고 싶은 노래가 있어
몸이 재가 되는 줄 몰랐다

그 불타는 내일의 결의,

삶을 향한 아름다운 마음
잎 진 길 혼자인 줄 몰랐다

순정 같은 순수,

저만치 가버린 사람
마음만이라도 담으러

이 골목 저 골목 쏘다니다

우연히 닮은 사람
하나쯤 마주치면

태양이 있다고 희망이 있다고

나는 그랬다
내일의 꿈이 있으니,

노동의 무게

노동의 갑옷은 등짐처럼 무거웠지만
꿈을 낳는 진통 솜털처럼 가벼웠습니다

고통이 느껴지는 일상에도
포기할 수 없는 꿈은 커져만 가

그리움 사무칠 때면 한 줄 두 줄 적은 글로
소중한 책이 엮었습니다

이십 대에 기계와 하나 된 날들
청춘의 불을 훨훨 지폈고

삼십 대에 직공과 하나 된 날
뼈를 깎아 희망 공장을 만들었습니다

불혹, 그 아름다운
신이 허락한 새로운 전성기

꿈을 꺼내어 유치원을 설립하고
새롭게 삶의 의미를 깨달았습니다

지천명 지나 당신의 어머니 아버지
나의 어머니 아버지를 위해

푸른 융단 깔아 은혜를 입어
천국의 문을 열었습니다

세상으로부터 받은 모든 배려
이제 조금이라도 갚아야 할 시간

이순은 사랑으로 충만한 계절
주의 품에서, 노을처럼 붉게 스미겠습니다

어릴 적 나는

어릴 적 나는 소년 시인
외로운 구름 같은 소년 시인
늘상 어딘가 쳐다보는 소년 시인
외로워 골목에 쪼그리고 앉아 울기도 했지
어릴 적 나는 노을 시인
그리운 엄마가 곁에 없어
저녁 산 그림자 어둠 속에 묻혀
밥 짓는 이웃집 부러웠던 소년 시인
책 보퉁이 늘상 눈물을 담아
출렁출렁 울어예던 뻐꾸기 시인
아득한 동해 수평선 바라보며
언제나 통통배 타고 떠나고 싶었던

눈물에 젖은 모래펄 어린 소년 시인

대견봉 노을

대견봉에 앉아 바라보는
비슬산 노을은 장엄합니다
수십만 평 분홍 참꽃 군락지
참으로 아름답습니다
바람이 불 때마다 꽃대는 흔들리고
흰 구름에 뒤섞인 꽃빛 곱기도 합니다
봄날 팔각정 사잇길 속에서
한아름 가득 참꽃 무더기를 안으면
차마, 지울 수 없는 그리운 사람이 떠오릅니다

동백

바람이 어둠을 흔들어
꽃은 향기 되어 날리면
겨울을 뚫고 피어난다

대지는 꽁꽁 얼어붙어
붉은 꽃봉오리 흰 눈 덮여
내 가슴 꿈을 키운다

엄동 추위를 이겨내며
빨갛게 피워낸 심장
얼어붙은 세월에도 피어난다

동백이 피어나는 곳에
꿈을 품은 꽃의 미소
인생 여정 같아라

3
비슬산 참꽃

마음 문門

한나절 행복 봄 아지랑이처럼 피어라
누구나 그 거리 그 설렘 속에서
유채꽃처럼 노랗게 물이 들어라
파도처럼 일렁이는 수평선 끝
사랑하는 사람에게 피어나거라
햇빛과 물안개 만나 구름이 일듯
폭풍과 번개가 만나 비가 퍼붓듯
시작이 있어 기쁨을 나누고 싶은
즐거운 출발 마음의 문
진실을 가득 담아 전하고 싶은
그 문 앞에서 초록의 숲길 되거라

명절

차가 널뛴다
보름달 아래 거리에 미쳐 널뛴다

그 순박한 여인들
다시 오지 못할 그 풍경

차가 널뛴다
아파트에도 골목에도
마구마구 널뛴다

그 옛날 그네 타던 아가씨들 어디 가고
그 얼굴 그 단장
그 향기 사무치는 그리움

아아! 그 따뜻하고
순박한 마음씨 그리워
오늘 밤 나도 널뛴다

무지개

그리움은 비구름 속에서 사라져가고
그리운 그녀 눈시울에 젖네
돌아간 길은 길 밖에서 추억을 따라가고
그날 그 약속 장맛비처럼 퍼부어라
무지개처럼 빛날 수 있을 거라 믿었건만,
날카로웠던 감정들 빗나간 세월
가끔은 멀어 보일 때도 있지만
희미한 그녀 허공에 떠도네
삶은 물결처럼 흐르는 것
피어나지 않는 꽃일지언정
이 아침 가슴에 담아 아득해지리라

바람의 길에서

바람이 지나가는 길 모퉁이
자욱한 안개 속에서 마주친 인연처럼

이별이 스쳐 지나간 자리에는
늘 빈 가슴이 허전했네

굴러가는 빈 깡통처럼
홀로 가는 내 인생의 발걸음

외롭고 쓸쓸한 길 위에 멈춰 섰을 때
나도 언젠가는 오뚝이처럼 우뚝 서고 싶었네

환한 등불이 걸리기를 기도하며
청춘의 뜨거운 열정 가슴을 데웠지

혹여, 바람의 길 어디선가
그리움의 향기 묻혀 올까

흘러 흘러도 당신을 그리는 그 마음
낮은 길섶에 앉아 기다렸네

밤비

겨우내 적막한 어둠을 뚫고
추운 세상 한 모퉁이 훔쳐보았지
그땐, 어둠 속 내리던 밤비 얼마나 외롭던지
창백한 얼굴을 하고 지나가는 추운 사람들
여리고 고운 살갗 고독한 생각
슬픈 눈을 반만 감고
눈물 뚝뚝 흘리며 나는 혼자 갔다
밤비는 쏟아져 거리엔 얼룩이 지는데
빌딩도 지붕도 모두 비에 젖은
그 피할 길 없던 적막한 골목 가로등

변덕골 사람들

그 옛날에는 마음이 넉넉하였네
인심 좋은 골이라 일렀네
강이 흐르고 바람이 불었지
구름도 지나고 사람도 가버렸네
지금은 지금은 변덕골이라네
사악한 몹쓸 태풍 고을을 휩쓸었네
악한 자는 살아 즐기고
선한 자는 슬피 우네
사람의 혼을 빼고 등을 치는
백여우로 변했네.
아, 그 언제 밝은 세상이 오려나!

봄 기행

바다는 소리의 숲 그 너머
휘파람 부는 외로운 섬 하나
파도가 춤을 추는 해변
아득히 멀어지는 물안개의 꿈
남도 동백꽃 그 비밀스런 사랑 이야기
스쳐 간 세월 속 흐르는 구름
부드럽네, 그 좋은 봄의 왈츠
마음과 노래 하나로 엮어가는
부드러운 봄바람 향긋한 꽃 내음

매화처럼

그대 품은 향기
봄 산을 적시고

얼마나 마음 닦으면
저 꽃빛 될까

설한풍 뚫고 나온
모질고 매운 마음

한 시절 다 보내고
휘굽은 저 꽃가지

칼칼한 세상 밖 인심
다 안다는 듯 붉게 핀

그윽한 깊은 심지 心志
애인처럼 벙그네

비슬산 참꽃

간밤 초승달이 뿌렸나, 분홍 물감

어떤 화가가 이렇게도 곱게 그릴까

비슬산 화폭 삼십만 평 꽃빛

봄바람도 풀어 놓아 흔들리는 꽃대

법문하는 대견사 삼층 석탑 향해

참꽃 아가씨 분홍 꽃절을 하네

비슬산

오랜 세월 빚은 돌 흐르는 강
신령스런 천연기념물 암괴류
하늘을 이고 만년을 버티었다
산언저리 눌러 지킨 상투 바위
푸른 이끼 천의天衣를 입고
봄이면 대견봉 그 산 능선에
철마다 참꽃 법문 연다
저 멀리 낙동강 굽이 돌아
마을마다 인정이 피어나는 철새 도래지
아아! 자자손손 변함없이
천만 대를 지켜 줄 어머니의 산
비슬산 분홍 젖줄은
성스러운 대구의 보배다

노송

절벽에 뿌리 뻗어 휘굽어 선 노송

삭풍에도 용맹정진 견디어 내었을

일연 선사 법문 같은 무심한 가지

허공 방석에 앉아 묵언 수행하는

청청靑靑한 환한 이마 부럽기도 하다

달맞이꽃

그리움이 깊었나 외로움이 스몄나

달빛 들판 고개 내민 노란 달맞이꽃

사랑하는 사람 어디 있길래

저 꽃대 내밀고 허공을 쳐다보나

아, 사랑은 저 혼자 흘러가는 뜬구름 같은 것

4
가을 당신

사모곡

바람에 흔들려요, 사랑하는 어머니!
구순에 천국으로 가신 그 모습
친손, 외손 귀한 보물 커가는데
어머니만 생각하면 뻐꾸기 울음소리가 들려요
금화동산 앞에 모신 온유한 어머니
흰 구름 스민 노을빛으로 다가옵니다
갸름한 턱선의 달맞이꽃 같은 은은한 미소
보름달 넉넉한 나의 품 어머니
두 손 모아 가슴에 새기는 건
당신은 나의 길이요 등불이기 때문입니다
이 아침 금빛 물결에 번져오는 어머니!
문득, 깨닫습니다.
당신의 사랑 얼마나 고귀한지를
푸른 유월에 기대 꽃으로 피어납니다

가을 당신

사과 열린 이 가을 당신을 생각합니다

허리둘레에 매달린 흰 구름의 과수원

바구니 끼고 가는 산골 아낙은 그림 같습니다

논둑길 경운기 소리 음악처럼 부드럽습니다

저마다 농부는 사과나무를 가꾸고

언제나 바람 속에 풍요로우신 당신

구절초 핀 이 가을 간절한 기도 올립니다

상사화

사랑은 이별
두 개의 모순

꽃과 잎
만날 수 없는 거리

서로 함께하지
못하는 그 안타까움

운명적인 분홍
꽃대의 슬픔

아, 사랑은 절망
눈물은 비극

주저할 뿐
다가서지 못한 아픔

〉
꽃 피우기 위한 두 길
그 활짝 핀 꽃길

언제쯤 이승에서
환생하려나

소

뒷산을 쳐다보며
여물 든든히 먹고 여유 부리는
되새김하는 큰놈 소

음매 하며 잘 먹었노라고
고개 들고 소리치듯

한 해가 다 가는 이 저녁
우리도 저 소처럼
희망의 뿔 세워 가야 하리

소꿉장난

불어오는 봄바람 산 넘어오면
소꿉장난하다 말고 포근한 엄마 품
흙담 밑에 앉아 잠이 든 아이들
직박구리 놀던 설중매 가지에
봉긋봉긋 꽃망울이 터지는 날
푸른 허공에 향긋한 매화 향기
봄바람은 포근한 엄마 젖가슴
봄바람은 한들한들 엄마의 치마폭
그 향기 그 행복 천년만년 누렸으면…

느티나무

겨울의 깊은 생각을 뚫고 단단하게 서 있다

바람이 몰아치고 눈이 쌓여도

고뇌의 뿌리를 땅속 박아 봄을 기다린다

풍상을 이겨낸 그 아비처럼

불어치는 칼바람 속에 희망을 전한다

얼어붙은 대지 위에 역경을 이겨내며

천지의 정기精氣를 담아 인내를 넘는다

시를 읽는 일은

이순耳順에 시를 읽는 것은 아름다운 일이다
붉은 노을 마음의 벗 얻는 일이다
숨 가쁘게 살아온 젊은 시절 한 편의 시였거늘,
바람의 행간을 따라 읊는 것은 경이로운 일이다
나를 성장시켜준 그 무수한 달빛 별빛
이순에 시를 읽는 일은 고독한 일이다
나이가 들수록 버려야 할 것이 많은 순간, 순간들
이 저녁 산안개 불러 휘파람 부는 일은 적막한 일이다
마음이 가는 그 길에 앉아 오래 강물을 쳐다본다

신발

화려했던 전성기

어둠과 눈물의 밑바닥

그 많던 이승의 사람들

그 위세 모두 다 어디 가고

빈 발만 보인다

오, 오!

태초의 시간이
나에게 온 것이 아니다

나의 기억 앞에 잠시 나타났다
곧 떠나는 것

천국과 지옥 사이
오고 가는 그 순리

죄를 밟고 죄를 짓는
끝없는 행렬

너희가 있어 내가 있나니
쓸쓸히 바람만 울고 가는

예수님 못 박힌
오, 오! 외롭게 걸어간 길!

열정의 부록

두루마기 젖혀놓고
고개 돌려 보노라면
이순의 권말이 불꽃이어라

맨손 자락 허허벌판 현실에도
맞불 지핀 이상으로
희망 편지 날개 펴
하늘 높이 날아올라라

질풍노도 거친 물결 건너
역풍에 돛 달아 순풍으로 흐르게 하고

신념으로 그려진 노랫가락
날아온 불씨 만나
허공 높이 불꽃 되어 피웠다

불태운 푸른 청춘 따라
산 너머 윗자리

보름달 뜬 금화동산
날아든 새소리에 취해보네

이 밤에 솥 작다 솥 작다
남은 권말부록 많다고
소쩍새 노래하니

곤룡포 벗어 두고
반가이 맞이하여
한 잔 술 불콰하니 달빛 본다

길

어두웠다, 그 암흑의 밤
헐벗고 배고픈 나의 여정이여!
홀로서기로 외롭게 걸어온 날들
겨울만이 나의 추위를 알리!
힘들게 했던 절망과 좌절의 벽
겹겹이 쌓인 무거운 가슴의 벽
손톱이 빠지고 피멍이 들도록
불꽃 같은 열정으로 그 벽 허물었다
꽃자리 너머로 꽃바람이 불고
성공에 이르는 길을 동경하며
스스로에 대한 믿음과 신념을 향해
새벽의 침묵 깨워 어둠 속을 달렸다
이승의 끈을 놓지 않겠다는 나의 의지
되돌아볼 시간조차 아까웠다
한 땀 한 땀 쌓은 완성의 계단
뼈를 깎는 아픔으로 다듬은 꿈의 동산이여!
한 줄기 빛이 스며든, 세상을 향한 희망이여!

의자

바쁠 것도 없는데, 떼구름은
무엇이 저리 급한지
앞산 허리 감아 돌며
옆도 뒤도 안 보고 건넌다

봄바람 따뜻한데
돌아보니 나도 이만큼 와 있고

하늘 아래 쉴 곳 찾아
아무리 두리번거려도

한가롭게 누워 대바람 소리
들을 곳이 없다

인생은 여행이라는데
가끔 쉬어 가라는데

끝없는 길 위에서
오늘 의자에 앉아, 잠깐 생각한다

5
지혜의 문

돈 돈 돈

천의 얼굴
죽였다 살렸다가
천하의 무법자 요술 방망이!
울다가 웃다가
처박히다 일어서는 슈퍼맨
만인의 혼 멋대로 짓까부는
도깨비, 도깨비
추운 날 서로서로
불을 쬐면 더 좋은
참 따스한 돈

참꽃 법문

대견봉 법문은 참꽃 법문

바람 목탁 두드리네

낙동강 유유히 흐르는 아름다운 고장

환한 분홍빛 생명 가득 흐르네

대견사 일연 스님 덕분인지

삼층탑 위에선 분홍 해탈 들리네

지혜의 문

창조의 순간이 이뤄진다면
새로운 비전 피어오르리

학문의 날개를 펼치면
지혜의 문을 넘어 세계를 누비리

지혜의 문 열린 날
학회가 탄생한 기쁜 날

지식과 아이디어가
새로운 세계를 펼치리

한없이 넓은 지식의 바다
모이는 현명한 이들의 행렬

지성과 열정의 시대를 이끌어
향연이 시작되리

영혼의 비탈길을 가로지르리
진리의 빛으로 세상을 비추리

지성과 인내의 결실이여
세계와 미래를 밝게 비추어라

참꽃 필 때 만날래

비슬산 분홍 아가씨

봄바람 꽃신 신고 구름을 타네

달빛에 차 한 잔 권해 볼까

붉은 시심詩心 넘쳐나 노래 부르네

봄비 속 팔각정에 올라 보니

신선이 거문고를 탄 듯하네

삼십만 평 분홍 아가씨

우리 참꽃 필 때 만날래

편지

허공에 빗금 친 비구름
빗물 되어 눈시울 젖는 그리움
굽이굽이 돌아 산길 지나온 날들 걷는다

산 넘어 산 넘어 무작정
천둥 치고 번개 쳐도
무지개 떠오른 그 산정 향하여

날카로운 감정 숨기고
가을바람에 혼자 서 있기로 한다
남은 시간이 빛날 거라 믿으며,

흔들리면 흔들리는 대로
불어오면 불어오는 대로
구절초 핀 저 들녘에 내가 피어 있기로 한다

학춤
— 하용부의 학춤을 보고

파도가 춤을 추는 해변
춤꾼의 우아한 동작 시간에 멈춰
학의 날개를 펴다

삼백오십 년 팽나무는
비밀스런 이야기를 들려주고
스쳐 간 세월 속 거룩함 들려온다

조심조심 발걸음 옮기며
인생의 서러움 다 풀어내어
대동세상 엮어 준다

학의 발자국 땅 딛고
현무는 정중동靜中動의 미美
순간, 하늘을 정지시킨다

고방산高防山

그 옛날
비슬산 한 자락 내려오다 멈춘
높고 신령스런 고방산

산언저리 흰 구름 눌러 쓰고
상투 바위 푸른 이끼 만년을 버티었다

저기 층층 절벽 속에
깊은 밤 흔드는 부엉이 소리…

아! 지금은 가고 없는
그리운 사람 애절한 그 소리

봄이면 진달래 피고
가을밤 솔바람 슬피 우는
고즈넉한 저 자태

자손만대 품어줄
내 어미 같은 고방산

고약한 바이러스 놈

그때, 우리는 벌벌 떨었다
바이러스 고놈 고약한 놈
많이도 하늘로 업고 갔다
요단강 건너 그 강물 너머 갔다
적막한 죽음의 도시 골목
아무도 거리에 다니지 않았다
지금도 벌벌 떠는 바이러스 공격
무엇을 할 수 있을까 나약한 인간은,
고작 마스크 쓰기, 거리두기밖에 없다니
사람이 멈추고, 길이 멈추고
나라마다 문을 닫아 걸었다
부모가 죽어도 보지 못하게 한 놈
겸손한 마음으로 다시 묻노니,
인간의 죄를, 역사의 저 어둠을!

희망 공장

허리가 휘도록 짊어졌다
밥을 위해, 가족을 위한 나의 노동
꿈을 향한 진통

거리에서도 직장에서도, 겨울아
내 삶의 행간 하염없는
폭설이었다

어머니 아버지가 걸어간 추운 길
너와 그가 오른 그 등짐은
눈부신 푸른 융단

겨울아, 참으로 잘 견디었다
저 구불텅 허공 기어오른 노매老梅처럼
깊게 뿌리내려 내일을 꽃피우자

이 짧은 인생

불꽃처럼 타올라야 하리
이 짧은 인생

용기와 도전으로
저 바다를 넘어야 하리

뒤집히면 어떠리
희망의 노를 저어가리

갈매기 등대 위를 활강하는
이 아침 일출을 보라

어둠 속 수평선 뚫고 가는
우리들의 어부가 있다

주저하지 말라,
저 밀려오는 해일을

〉
뭍에서 기다리는
어린 자식을 생각하라

꿈이 피어나는 저 애들을 위해
반짝이는 밤별을 넘으리

사문진나루터

어깨가 무겁거든 사람아
사문진나루터로 오라
소고기국밥에 부추전에
사랑하는 벗이랑 막걸리
한두 잔 걸치고 나면,
낙동강 강나루 곱기도 하리
이리저리 치인 인생
유람선 타고 한 바퀴 휘돌고 나면
세상 근심 걱정 다 풀리리니
사람아, 저 비슬산 노을빛
사라지기 전, 덩실덩실 놀다 가세

송해공원

호숫가 꽃무릇 솟구친 분수

백세정百歲亭 누각 올라

송해 선생 생각하니

그 털털한 목소리 찰랑찰랑 스치네

머지않아 용연사 단풍 구경

울긋불긋하리니

노랑 은행잎 떨어지기 전,

아름다운 시 한 편 지어보리라

해설

서성거리는 자의 노래

김동원 | 시인·문학평론가

♠ 들어가는 말 - 외로운 소년

그의 시는 국밥처럼 뜨건 김이 오른다. 그의 시는 외로운 울음소리가 들린다. 실패와 성공 사이, 달빛과 어둠 속에 서성거린다. 그의 시는 찬 겨울 골목을 서성이는 붉은 노을의 시다. 눈물 젖은 빵을 먹은 자의 설움이자, 생의 쓸쓸함을 너무 일찍 알아버린 고독한 시다. 그의 시는 꿈과 욕망이 뒤엉켜 현실로 드러난다. 하여 그는 '시와 밥' 사이를 헤매며 혹독한 '지금'을 뚫고 나간다. 실패할 때마다 좌절하지 않고 오뚝이처럼 일어서는 그는, 희망의 불사조이다. 동일성의 시 정신을 추구하는 그의 시적 어조는 직유적이다.

고향 오십천과 대도시 부산 대구 사이를 오가며 겪은 어린 시절의 외로움은, 그의 서정시의 무늬가 된다. "큰사람이 되라"는 조부모의 사랑은, 일찍 헤어진 어미에게서 받지 못한 상실의 눈물을 씻어준다. 초등학교를 마치고 생활전선에 뛰어들어야 했던 그는, 끝없는 배움에 목말라한다. 가난한 자가 다 그렇듯, 그 역시 섬유공장 견습공으로 세파에 몸을 던진다. 기숙사에서 잠자던 중, 희한한 '꿈의 계시'를 점지받는다. 그 꿈은 먼 훗날 '유치원 설립'으로 이어진다. 그는 황소처럼 우직하며, 불도저처럼 밀어붙이는 힘이 있다. 그의 삶은 파란만장하다. 섬유공장 사장에서 무역회사 오너까지, 그리고 IMF를 맞아 부도를 경험하며, 새로운 인생에 눈을 뜬다. 이후 늘푸른유치원을 설립하여 운영하면서 사회공헌사업, 금화복지재단의 설립 등, 고령화 시대에 발맞춘 놀라운 혜안을 보인다. 죽을 고비를 여러 차례 넘기면서도, 그는 배움의 끈을 결코 놓지 않는다. 중고등 검정고시를 통해 대학과 교육학 박사 과정(미국커넬대학교)도 마쳤다. 이런 억척같은 인생 역전은 드라마틱하다. 한편, 친어머니를 찾아 구순까지 극진히 보살폈으며, 육친의 정을 잊지 못해 무덤을 '늘푸른 실버타운' 언덕에 모셨

다. 그의 시가 희망을 노래하면서도, 비극이 깔린 배경에는 어두운 가정사의 굴곡이 있다.

　신경용의 시집 『시간의 강 위에 피어난 불꽃』은, 서정시의 아름다움과 비통이 눈물겹다. 자신만의 개성적 감각과 체험의 깊이가 흥건하다. 그의 시적 세계관은 자아와 세계의 일치를 보여주며, 언어는 고통의 살점에서 떼 낸 상처의 흔적이다. 살아온 자신의 시간과 공간의 추억이 고스란히 행간에 찍혀 있다. 시적 언어의 기술은 직선적이만, 그의 시에서만 볼 수 있는 감동과 울림은 크다. 그의 시는 달빛과 차가운 겨울바람 소리가 난다. 군데군데 박혀있는 옹이 진 그의 시어는, 설움과 눈물의 흔적이다. 그의 시는 삼라만상의 순간을 희망의 노래로 바꾼다. 오랜 체험이 농밀한 그의 시는, 생활과 정서를 잘 버무린다. 그의 언어는 타인과의 공감을 목적으로 한다. 좋은 시는 리듬이 중요하듯, 그의 변주는 음악적이다. 최근 그의 시작詩作의 경향은 익숙함에서, 새로운 비밀을 찾는 쪽으로 옮겨가고 있다. 가까운 거리와 공간에서 시의 소재와 주제를 발견한다. 좋은 시는 시적 착상과 발상을 중요하게 생각한다. 느낌이 좋으면 금방 시적 분위기가 반전된다. 단순하고 심플한 구도에서 시의 요체가 드러난다. 짧은 시 긴 여운이란 말도 있듯, 시는 췌사를 덜어내는 작업이다. 그의 시는 이미지보다는 묘사와 이야기 중심이다. 적확한 시어의 사용을 통해 주제를 명료하게 한다. 제때 제자리에 잘 앉은 시어는 보기만 해도 좋듯, 신경용의 시는, 모호성보다는 구체성에서 훨씬 진가를 발휘하고 있다.

♠ 꿈속의 계시

정신분석학의 창시자인 프로이트는 그의 유명한 저서인『꿈의 해석』에서 꿈은 마음속 무의식이 표출된 것으로 보았다. 억압된 현실 세계는 꿈을 통해 자주 드러난다. 어떤 사람은 계시를 받기도 한다. 물론 이런 왜곡된 변형은, 무의식과 현실 세계가 뒤엉킨 투사投射·융합融合·치환置換·상징象徵 등을 통해 표출된다. 궁극적으로 꿈은 이루지 못한 것에 대한 심리적 보상심리에 뿌리를 박고 있다. 특정한 꿈의 경우는 무의식적 꿈을 통해 미래에 일어날 일을 알려준다. 신경용의 이번 시집에서 특히 중요하게 다루어야 할 지점은, 어릴 때 꾼 꿈의 계시다. 실패와 좌절 속에서도 그를 지탱해준 것은, 그때 공장 기숙사에서 꾼 유치원 설립의 꿈이었다.

> 백두대간 힘찬 기운 내려 뻗친
> 비슬산 기슭 아래 멈춘
> 신령스런 고방산 자락 공기 맑고 경치 좋은
> 늘푸른실버타운 아늑한 인생 낙원
> 외로운 자 마음을 달래고
> 즐거운 자 노래를 부르며
> 모진 삶의 흔적 따라가다
> 한 세월 뒤돌아보며 삶을 반추하는 곳
> 사랑하기 좋은 이 세상
> 따뜻한 눈빛 즐거운 웃음 서로 나누는
> 평화 깃든 낙원의 숲 늘푸른실버타운
> ―「늘푸른실버타운」 전문

시, 「늘푸른실버타운」은, 그의 복지에 대한 강렬한 신념이 잘 형상화되어 있다. 누구나 다 꿈을 꾸지만, 모두 사람이 꿈을 이루는 것은 아니다. 꿈은 시 속에서 상징과 굴절을 통해 변형의 옷을 입는다. "비슬산 기슭" 아래 자리 잡은 '늘푸른실버타운'은 노인복지 개념을 자연경관에 합친 멋진 공간이다. 고령화 사회를 예견한 그의 탁견은, 꿈의 계시를 통해 적중하였다. 하여 그에게 꿈은, 미신의 차원을 넘어 신의 부름으로 승화된다. 훗날 「금화동산을 가슴에 품고」 '금화복지재단'으로 화려하게 성공한다.

    일찍이 나는
    아름다운 세상을 꿈꾸었네

    굽이치는 파란波瀾 계곡에서
    사람과 사람 사이
    따뜻한 강이 흐르기를 기원했네

    생사의 절벽에 우뚝 서서
    고독한 울음 삼키며
    푸르른 창공 비상하는 꿈을 꾸었네

    무지개다리 건너
    초록 불 돋아난 잔디 위
    금잔화金盞化 수놓는 꿈을 꾸었지

    이제 낮고 어두운 곳 향해 비추는
    밝고 환하게 피어오르는
    이 아름다운 희망의 등불 되었네
    ―「금화동산을 가슴에 품고」 전문

이렇듯 꿈은, 개인의 무의식에서 자라나 인간의 원형 상징으로 특징된다. 신경용의 꿈은 훗날 크리스찬으로서의 '소명'으로 이어져, 훌륭한 교육자로 우뚝 서게 된다. 그렇다. 그에게 '금화동산'은 "아름다운 세상을 꿈꾸"게 해준 고마운 터전이다. "생사의 절벽"에서도 결코 포기하지 않은 것은, 하나님의 역사하심이 "사람과 사람 사이/ 따뜻한 강"이 되어 흐른다는 진실을 믿었기 때문이다. 그는 지금도 "무지개다리 건너/ 초록 불 돋아난 잔디 위"에서 "금잔화金盞化"를 피워 "아름다운 희망의 등불"을 켜고 있다.

♠ 은유, 혹은 느낌

주체와 객체 사이에서 흔히 발생하는 은유는, 시적 느낌을 극대화한다. 넓게는 비유이겠지만, 좁게는 서정적 자아의 완전을 추구한다. 이런 물아일체物我一體의 시법詩法은 고대에서도 자주 사용되었다. 은유는 '사물과 한 몸 되기'이자, 무한한 사유의 확장을 가져온다. "시가 생성되는 비밀의 핵심이 은유"(장석주, 『은유의 힘』, 다산책방. 서문 중에서)이다. "시는 말의 볼모이고, 시의 말들은 필경 은유의 볼모다. 은유는 시의 숨

결이고 심장 박동, 시의 알파이고 오메가다. 시는 항상 시 너머인데, 그 도약과 비밀의 원소를 품고 있는 게 바로 은유다." 은유는 상상력의 내적 지평을 무한으로 사유케 한다. 은유의 내부로 깊이 파고들수록 놀라운 경이로움이 나타난다. 신경용의 「침몰하지 않는 배」를 살펴보자.

> 나는 침몰하지 않는 배
> 실패의 능선을 넘어 검은 구름을 지나
> 폭우가 쏟아져도 뚫고 나가리
> 군데군데 피 맺힌 상처들 만나도
> 꺼꾸러지지 않으리
> 슬픔과 고통을 모두 안고 생을 건너리
> 아아, 붉은 핏빛의 노을을 타고 넘는 것을
> 하늘 저편은 알고 있으리
> 나는 침몰하지 않는 배
> 그 어떤 해일이 닥쳐도 정면을 응시하리
> ―「침몰하지 않는 배」 전문

그는 「잡초」에서도 밝히듯, "배고파 훌쩍이던 그 한밤중의 거리에서도" 좌절하지 않은 것은, 그에게 잡초와 같은 근성이 있기 때문임을 알아챈다. 망망대

해에서 그 어떤 태풍과 해일이 몰려와도, 그는 결코 「침몰하지 않는 배」이다. 파란만장한 삶의 "폭우" 속을 뚫고 나온 그의 끈질긴 집념은 독하다. '나'와 '배'를 연결하는 은유는, 단순한 문학적 수사를 뛰어넘는다. 결단코 "꺼꾸러지지 않으리"라는, 무서운 삶의 '본질'을 함의한다. 이런 차이성 속의 동일성은 시적 미학을 끌어올린다. 시인의 "슬픔과 고통을", "하늘"과 "붉은 핏빛의 노을"은 알고 있다. 하여, 그는 "침몰하지 않는 배"가 될 수 있다. 실존의 "정면을 응시"하는 그의 도전은 멋지다.

♠ 시詩

　　서정시의 아름다움은 감동과 울림에 있다. 사물과 언어 사이 절실한 감정이입은, 읽는 이로 하여금 긴 여운을 남긴다. 시인의 체험이 사건 깊숙이 개입할 때, 시 행간의 의미는 팽창한다. 언어는 달빛에도 바람에도 무늬를 남긴다. 시는 개인의 작업이지만 대중성에 발화할 때 폭발한다. 시는 천지만물의 생사를 응시하는 사색이다. 언어의 세계와 언어 이전 침묵의 세계를 동시에 보여준다. 비밀과 신비로움, 현실과 비현실의 경계에서 시는 노래한다. 좋은 서정시는 목소리가 개성적이어야 한다. 문체를 바탕으로 언어의 끝로, 시인의 내면을 깊이 각刻할 때 멋지다. 신경용의 「어릴 적 나는」을 읊조리고 있으면, 내면 아이의 울음이 들린다. 소년의 고통과 외로움, 어미와 떨어진 그 어떤 그리움의 휘파람 소리가 난다.

> 어릴 적 나는 소년 시인
> 외로운 구름 같은 소년 시인
> 늘상 어딘가 쳐다보는 소년 시인
> 외로워 골목에 쪼그리고 앉아 울기도 했지
> 어릴 적 나는 노을 시인
> 그리운 엄마가 곁에 없어
> 저녁 산 그림자 어둠 속에 묻혀
> 밥 짓는 이웃집 부러웠던 소년 시인
> 책 보퉁이 늘상 눈물을 담아
> 출렁출렁 울어대던 뻐꾸기 시인
> 아득한 동해 수평선 바라보며
> 언제나 통통배 타고 떠나고 싶었던
>
> 눈물에 젖은 모래펄 어린 소년 시인
> ―「어릴 적 나는」 전문

그의 고향은 영덕과 강구항 사이를 흐르는 오십천을 끼고 도는 한적한 마을이다. 민봉산이 보이고, 저녁노을 무렵 밥 짓는 연기가 피어오르는 고즈넉한 산골 동네이다.

그는 "외로운 구름 같은 소년" 시절을 조부모 슬하에서 보냈다. "저녁 산 그림자 어둠 속에" 깔리면, 자신을 두고 떠나버린 "엄마"를 그리워했다. "늘상 어딘가 쳐다보는 소년 시인"은, "노을"의 시를 받아 적는다. "골목에 쪼그리고 앉아 울"고 있는 소년 신경용을 뒷산이 안아준다. 외로워야 시인이 되나 보다. 그의 소년 시절은 "뻐꾸기"가 키웠나 보다. "책 보퉁이 늘상 눈물을 담아" 강구항 모래펄에 그리운 엄마를 찾아 "통통배"를 띄운다. 신경용의 시편은 진실하고 쓸쓸하다. 어떤 너머의 아득함과 짙은 감성의 파문이 있다. 서정에 충실하면서도 세계와 끝없이 소통하는 시의 본령에 닿아 있다.

♠ 사모곡

이번 신경용의 시집 『시간의 강 위에 피어난 불꽃』에서 중요한 갈래는 사모곡이다. 사모곡이야말로 한

국 서정시의 큰 줄기를 이룬다. 이 세상 모든 사람은, 어머니에 대한 사무친 정이 있기에 사모곡을 접하면 더욱 감동한다. 어머니의 사랑은 하늘보다도 땅보다도 더 앞쪽에 있다. 어릴 때 엄마는, 그 자체가 하나의 온전한 세계다. 어떤 풍경보다도, 어떤 상상보다도 엄마의 품은 따뜻하다. 엄마는 자식에겐 해와 달처럼 움직인다. 숲이 바람의 이야기를 전하듯, 엄마는 자연의 말을 가르친다. 아이의 두 눈에는 엄마야말로 천국이다. 어릴 때 엄마와 헤어지면, 평생 분리불안을 겪는다. 이런 비극적 트라우마는, 살아가는 동안 불쑥불쑥 '불안한 가면'으로 나타난다. 상처는 사랑으로 치유된다. 시대를 막론하고 어머니는 위대하다. 신경용의 「그리운 어머니」는 눈물로 다 말할 수 없는 아픈 사연이 있다.

> 겨울이었지요, 어머니 당신의 손을 잡고
> 그 험난한 길을 걷던 날이
> 그리운 어머니, 눈물이 앞을 가립니다
> 그리움이 아득한 둥근 달빛 아래
> 슬픔과 아픔을 빚어
> 은빛 달빛에 가득 비추어주었습니다
> 어머니, 어릴 적 눈물의 보퉁이를 메고

어디로 가야 할지 몰라 서성일 때
당신의 따뜻한 손의 온기만 믿었습니다
천국에 계신 나의 어머니
파란波瀾 등대 길 너머 파도치는 오늘
문득, 밀물처럼 깨닫습니다.
수평선 그 아득한 가지에 매달려
당신의 품인 양 흰 구름을 만져봅니다
―「그리운 어머니」 전문

　조부모 슬하에서 어린 시절을 보낸 신경용의 소년기는, 절절하고 아프다. 어느 사석에서 그는 '자신을 두고 떠난 어머니를 한 번도 원망한 적이 없다'고, 말하는 것을 들었다. 그토록 사무치던 어머니를, 신경용은 입대 전 대전에서 뵙는다. 개가한 어미도 장성한 아들을 보고 통곡을 한다. '어머니가 입혀 준 내복은 세상에서 가장 따뜻했다'라고 그는 들려주었다. 이후, 신경용은 「그리운 어머니」 속의 이야기처럼, '자당慈堂'을 소천하실 때까지 정성을 다해 모신다. 사모곡을 읊고 있으면, 나도 모르게 훈훈하고 가슴이 저릿하다. 소년 신경용이 뼈저리게 그리웠을, 그 엄마를 만나서 참 다행이라고 생각한다.
　"어릴 적 눈물의 보퉁이를 메고/ 어디로 가야 할지

몰라 서성일 때" 힘이 되어준, 그 어미의 "따스한 손의 온기"는 기적이다. 지금은 "천국에" 계시지만, 신경용은 '어머니' 이야기만 나오면, 눈물부터 글썽거린다. 신경용의 「그리운 어머니」는, 그에게 구원의 다른 이름이다.

♠ 나가면서 – 비슬산 참꽃

 이번 신경용 시집 『시간의 강 위에 피어난 불꽃』은, 크게 세 가지 정도로 요약된다. 유년 시절의 슬픈 이야기와 사모곡, 성공과 좌절 속에서도 금화복지재단을 설립하여 교육사업을 일으킨 노정, 비슬산을 둘러싼 수필가, 시인으로서의 따스한 시선에 대한 인간적 정서가 그것이다. 특히, 감성적 서정시의 빼어난 형상화는 주목할 만한 성취를 이뤘다. 그의 시편 중 실패를 통해 조금씩 나아가는 인생 역전은 드라마틱하다. 시 「잡초」는 세상의 비바람 속에서도, 결코 뽑히지 않는 강인한 '잡초'의 운명을 제시한다. 잡초의 삶을 "인생의 참고서"라고 비유한 점은 깊다. 「사문진 나루터」 또한, 그의 삶의 반경으로 설정된다. 노을 질 때 유람선을 타고 "낙동강"을 돌면, '참 인생이 별것이 없구나'라는 생각도 든다. 그는 이곳에서 자연 보호 운동을 하기도 하고, 그늘진 이들에게 따스운 밥 대접도 한다. 그의 봉사 정신은, 가난한 어린 시절에 생긴 세상에 대한 측인지심의 발로이리라.

끝으로 그의 시 「비슬산」을 감상하며 마칠까 한다.

> 오랜 세월 빚은 돌 흐르는 강
> 신령스런 천연기념물 암괴류
> 하늘을 이고 만년을 버티었다
> 산언저리 눌러 지킨 상투 바위
> 푸른 이끼 천의天衣를 입고
> 봄이면 대견봉 그 산 능선에
> 철마다 참꽃 법문 연다
> 저 멀리 낙동강 굽이 돌아
> 마을마다 인정이 피어나는 철새 도래지
> 아아! 자자손손 변함없이
> 천만 대를 지켜 줄 어머니의 산
> 비슬산 분홍 젖줄은
> 성스러운 대구의 보배다
> ―「비슬산」 전문

신경용은 틈만 나면, 「비슬산」 자랑에 시간 가는 줄

모른다. 참꽃 필 무렵 비슬산琵瑟山(1,084m)은, 천왕봉天王峯에서 바라본 낙동강 일몰과 대견사 보름달 구경은 기가 막힌다. 일연 스님이 도를 닦았을, 심산계곡 숲속에서 고요히 귀를 열면, 청산 풍류의 거문고 소리가 난다. 골짜기에서 아주 천천히 흘러내린 화강암 암괴류岩塊流의 경관은, 보는 이를 경탄케 한다. 대견봉大見峰, 월광봉月光峰, 석검봉石劍峰, 조화봉照華峰, 관기봉觀機峰은, 능선을 휘굽어 한 편의 거대한 서사시가 된다. 새벽 무렵 물안개 자욱한 옥연지를 걸으면, 그림 속 주인공처럼 고적하기도 하다.

  시를 읽는 일은 누구나 다 할 수 있지만, 시를 짓는 일은 아무나 다 할 수 있는 일은 아니다. 인생을 돌아보는 일은 시작詩作만 한 것이 없다. 사람은 때가 되면, 들고 있는 모든 짐을 내려놓아야 한다. 대단한 위세를 자랑하지만, 화무십일홍花無十日紅이다. 권력도, 돈도, 명예도, 결국 꽃잎처럼 떨어지게 마련이다. 빈손, 빈 발, 빈 몸으로, 나온 곳으로 되돌아가는 것이 인간 백 년이다. 시인의 시(「시를 읽는 일은」)처럼, 그저 좋은 삶이란, "이순耳順에 시를 읽는" 일이다. "저녁 산안개 불러 휘파람"이나 불 일이다. 그리고 짬을 내어, 오랫동안 "붉은 노을"을 바라보며, "마음이 가는 그 길에 앉아 오래 강물을 쳐다"볼 일이다. 하여, 신경용 시의 요체는 천지인天地人이 한 몸을 이루는, 동일성의 시학으로 규정된다.